BITCOIN: Was Treiben Diese Kids Da Schon Wieder?

Erste Schritte in der Welt von Kryptowährungen

NATHANIEL ROLLINS

Copyright © 2018 Nathaniel Rollins

All rights reserved.

ISBN: 9781729489932

WIDMUNG

An meinen lieben Freund Jeff.

INHALT

1	BITCOIN: Was Treiben Diese Kids Da Schon Wieder?!	1
2	Jenseits der Überzeugung: Die Blockchain.	3
3	Was ist eine Bitcoin Adresse?	5
4	Bitcoin Wallet.	7
5	Kostet die Benutzung von Bitcoin etwas?	8
6	Was passiert, wenn Sie vergessen eine Gebühr anzugeben oder eine zu niedrige Gebühr angegeben haben:	10
7	Warum Bitcoin so besonders ist.	12
8	Wer kontrolliert Bitcoin?	15
9	Bitcoin Mining.	18
10	Kann jeder Techniker werden und wenn ja, lohnt es sich?	20
11	Sie wollen also schlussendlich ein paar saftige Bitcoin in Ihre digitalen Hände bekommen…	21
12	Wie man Bitcoin nicht erhält!	25
13	In Bitcoin investieren.	27
14	Die Sicherheit von Bitcoin.	29

15	Mögliche Gefahren.	30
16	Herausforderungen für Bitcoins Langlebigkeit und Mainstream-Appeal.	41
17	Letzte Tipps:	45

1 BITCOIN: WAS TREIBEN DIESE KIDS DA SCHON WIEDER?!

Bitcoin und andere Kryptowährungen sind eine Möglichkeit, etwas von Wert, wie zum Beispiel Geld, ohne Zentralbanken, Zahlungsprozessoren oder andere Dritte zu senden, zu empfangen und zu speichern.

Bitcoin (BTC) ist eine Währung. Sie wollen zum Beispiel etwas kaufen, dies könnten Sie nun mit normalem Ged tun oder aber auch mit Bitcoin, vorausgesetzt der Verkäufer glaubt auch an den Wert der Kryptowährung.

Wir werden im Laufe des Buches einige andere grundlegende Unterschiede zwischen Bitcoin und herkömmlichen (Fiat-)Währungen untersuchen, aber ich möchte die Idee des Glaubens in die jeweilige Währung ansprechen, denn das ist eine nachvollziehbare Sorge, die Leute haben, wenn sie von Bitcoin hören. "Was um Himmelswillen macht es wertvoll?Der Glaube daran? Danke, aber nein danke. Ich bleibe bei (welche Währung Sie auch immer nutzen). „

Fiat-Geld ist eine Währung, die eine Regierung als gesetzliches Zahlungsmittel deklariert hat, aber sie ist nicht durch eine physische Ware abgesichert. Der Wert des Papiergelds ergibt sich aus der Beziehung zwischen Angebot und Nachfrage und nicht aus dem Wert des Materials, aus dem das Geld gemacht wird." https://www.investopedia.com/terms/f/fiatmoney.asp

Sie wollen mehr über den Glauben und Geld wissen? Fragen Sie die Bürger in Griechenland, wie der Glaube an Fiat-Währungen funktioniert.

Im Jahr 2012 erlebte die Republik Zypern eine schwere Finanzkrise, als sie ihre Schulden nicht mehr zurückzahlen konnte. Zyperns Lösung bestand darin, den Zugang der Bürger zu "ihren" Geldern vorübergehend bei den Banken einzufrieren, gefolgt von einer einmaligen Abgabe auf Bankkonten mit Guthaben über einen bestimmten Betrag. Mit anderen Worten, sie nahmen Geld aus den Bankkonten ihrer Bürger.

Das ist keine Science-Fiction, Vergangenheit oder die Story von ein paar verwirrten Gestalten, die in der Gasse murmeln; Das ist tatsächlich vor weniger als einem Jahrzehnt passiert. Was würde das anderswo verhindern? Die Bankenrettung war ein ziemlich raffinierter Trick. Der Punkt ist, das Geld, das Sie in der Bank haben, gehört nicht Ihnen. Bitcoin, falls Sie welche haben, gehört Ihnen. Bitcoin, das in Ihrer "Brieftasche" ist, kann nur von Ihnen genutzt werden.

2 JENSEITS DER ÜBERZEUGUNG: DIE BLOCKCHAIN.

Bitcoin ist eine Währung und eine Methode des Bankwesens, um den Besitz von Vermögen ähnlich einer Bank zu verfolgen, aber anstatt ein global verteiltes Konto mit Menschen und Fiat-Währungen zu aktualisieren, bindet Bitcoin den Reichtum in etwas, das sich Blockchain nennt.

Traditionelle, auf einem Schuldensystem basierende Banken überwachen wie viel Geld Sie haben. Sie behalten das Hauptbuch. Wenn Sie etwas mit Ihrer Kredit- / Debitkarte kaufen, entfernt Ihre Bank den gleichen Betrag aus ihrem Konto und die Bank des Händlers fügt das Geld zu dessen Konto hinzu. So weit so gut.

Stellen Sie sich nun vor, dass es anstelle mehrerer Banken mit mehreren Hauptbüchern nur eine "Bank", die so genannte Bitcoin Blockchain, mit einem weltweiten Hauptbuch (Ledger) gibt. Wenn Sie etwas mit Bitcoin kaufen, aktualisiert die eine Bank, die sowohl Sie als auch der Verkäufer gemeinsam haben ihr Hauptbuch, und zeigt an, dass zehn Dollar den Besitz von Ihnen an den Verkäufer gewechselt haben. Diese "Bank" ist ein

Netzwerk von Computern, die mit dem Internet verbunden sind und die Blockchain verbinden. Anstelle von Dollar oder Euro werden Werte in der Blockchain oder im Hautbuch (Ledger) Bitcoins genannt.

Dieser Name kommt von der Art, wie Geldwechsel gehandhabt werden. Transaktionen werden nicht einzeln, sondern in Blöcken oder Sammlungen vieler Transaktionen geschrieben. Die Bitcoin Blockchain ist:

- Vollständig. Es enthält jede Bitcoin-Transaktion, die jemals gemacht wurde.
- Nahezu unveränderbar.

Obwohl es nicht "unmöglich" ist, ist es extrem schwierig, eine Bitcoin-Transaktion zu modifizieren, sobald sie in das Hauptbuch geschrieben wurde. Nicht nur das, jeder Block von Transaktionen macht es schwieriger, die vorhergehenden Blöcke zu ändern. Wenn eine Transaktion mehr als sechs Blöcke (Transaktionen) überschrieben wurde, ist sie im Wesentlichen unveränderbar.

Öffentlich und auch privat. Die Blockchain ist nicht geheim; Jeder kann sie und ihre Inhalte online sehen. Bedeutet das, dass Leute Ihre Bitcoin-Transaktionen sehen können? Ja. Sie können jede Bitcoin-Transaktion nachsehen und verwandte Transaktionen sehen, die davor und danach getätigt wurden. Die einzigen Informationen im Hauptbuch sind jedoch Bitcoin-Adressen (sie gelten jetzt als Kontonummern), Transaktions-IDs, Zeitstempel und Beträge. Sie sehen keine gekauften Namen oder Artikel. Sie sehen keine Informationen, die es Ihnen erlauben würden, die Identität einer Person anzunehmen oder Transaktionen mit ihrem Geld durchzuführen. Die einzige verfügbare Information ist eine Aufzeichnung von BTC, die sich von einem Satz von numerischen Adressen zu einem anderen verteilt. Das Bitcoin-Hauptbuch (auch Ledger genannt) hat Tausende von identischen Kopien im Bitcoin-Netzwerk ....

3 WAS IST EINE BITCOIN ADRESSE?

Bitcoin wird in Adressen gespeichert und Transaktionen auf dem öffentlichen Hauptbuch zeigen, dass BTC von einer oder mehreren Quelladressen zu einer oder mehreren Zieladressen wechselt. Auf den ersten Blick erscheint jede Bitcoin-Adresse wie ein Mix aus Zufallszahlen und Groß- und Kleinbuchstaben. Sie müssen sich diese Adressen nicht merken, erkennen oder eingeben, um Bitcoin an jemanden zu senden. Sie werden entweder auf einen Link klicken, der die Bitcoin-Adresse des Empfängers (und manchmal die Menge von BTC) enthält, einen Code scannen, der die Zieladresse enthält, oder die Adresse in eine Bitcoin-Brieftasche (Wallet genannt) von einer E-Mail, Website oder anderen Quelle kopieren.

Wenn Sie jemals selbst eine Bitcoin-Adresse in etwas eingeben ... STOP. Irgendwas stimmt nicht.

Ein Vergleich, den Sie oft hören werden, ist, dass eine Bitcoin-Adresse wie eine Bankkontonummer ist. Ich vergleiche Bitcoin-Adressen lieber mit nachladbaren Geschenkkarten. Jede Karte hat ihre eigene Nummer, und keiner der "Karten" ist mit Ihrem Namen verbunden.

Sie laden eine Karte mit Geld auf und geben sie dort aus, wo die Karte akzeptiert wird. Sobald das Guthaben

Null erreicht, können Sie entweder die gleiche Karte wieder aufladen und weiter verwenden, oder Sie können eine neue Geschenkkarte mit einer anderen Nummer kaufen und diese stattdessen verwenden. Stellen Sie sich vor, Sie hätten eine Brieftasche voller Debitkarten und die Möglichkeit, Geld zwischen ihnen zu überweisen.

Sie haben Lust auf einen kleinen Muntermacher, gehen in den Coffeeshop und kaufen einen Kaffe mit Karte 1. Das Getränk kostet 2,50 € und die Karte hat 25,00 € drauf. Der Restbetrag, 22,50 €, bewegt sich auf Karte 2. Später verwenden Sie Karte Nummer 2, um ein Justin B. T-Shirt für 15,00 € zu kaufen. Die restlichen 7,50 € sind jetzt auf Karte Nummer 3. Diese Transaktionskette wird fortgesetzt, bis Ihr Kontostand Null erreicht. So verwenden Sie Bitcoin. Jede "Karte" ist eine Bitcoin-Adresse, und Sie verwalten die Adressen mit einem Bitcoin-Wallet (eine Art Brieftasche), mit dem Sie Transaktionen tätigen und Guthaben hin und her transferieren können. Abhängig von der Wallet, wird das verbleibende Geld aus einer Transaktion oder der Änderung an die ursprüngliche Bitcoin-Adresse zurückgegeben oder an eine neue Adresse gesendet, die automatisch generiert wird.

4 BITCOIN WALLET.

Es gibt viele Bitcoin-Geldbörsen (auch Wallet genannt) zur Auswahl. Einige Plattformen wie Android haben mehr Möglichkeiten als andere, aber Wallets für andere Arten von Smartphones haben fast identische Möglichkeiten.

Desktop-Wallets bieten auch zusätzliche Funktionen, sind aber nicht so benutzerfreundlich.

Eine mobile Geldbörse ist ein guter Start für Anfänger. Stellen Sie sicher, dass die von Ihnen ausgewählte Wallet Daten speichert und die Transaktionen auf Ihrem Gerät ausführt, und nicht nur als Front-to-End für einen Wallet-Service in der Cloud dient. Wenn Sie auf eine Website gehen und einen Benutzernamen und ein Passwort eingeben können, um außerhalb der App auf Ihre BTC zuzugreifen, verwenden Sie diesen Dienst nicht. Vermeiden Sie webbasierte Wallets.

5 KOSTET DIE BENUTZUNG VON BITCOIN ETWAS?

Hypothetisch ja aber meistens nein. Es gibt zwei Gebühren, die den meisten Benutzern bei der Verwendung von Bitcoin begegnen. Die Ersten sind Gebühren, die die Umtauschgebühr für die Umwandlung von Dollar in Bitcoin verlangt. Wenn Sie BTC an jemanden senden, der es in USD oder eine andere Währung umwandeln wird, sollten Sie genügend Zusatzkosten für etwaige Umtauschgebühren einrechnen.

Die Verfolgung von Transaktionen in einem Hauptbuch ist einfach. Das Schreiben von Transaktionsblöcken in ein verteiltes öffentliches Hauptbuch, das verhindert, dass sie manipuliert werden, ist schwieriger. Dies ist der Grund, warum diejenigen, die diesen wichtigen Dienst für das Bitcoin-Netzwerk ausführen, eine Kompensation erwarten. Hier kommen Transaktionsgebühren ins Spiel.

Die Gebühren hängen davon ab, wie komplex Ihre Transaktion ist. In der gesamten Geschichte von Bitcoin lagen die empfohlenen Transaktionsgebühren zwischen Bruchteilen von einem Cent und etwas über einem Dollar pro Transaktion. Hierbei liegt die Betonung auf dem Wort "empfohlen". Das Bitcoin-Netzwerk erzwingt keine Mindestgebühr. Wenn Ihre Wallet-Software dies zulässt, können Sie Transaktionen ohne Gebühr durchführen. Wenn Sie dies tun, kann Ihre Transaktion jedoch Tage oder Wochen dauern, um geschrieben zu werden, wenn sie denn überhaupt geschrieben wird.

Wenn das Bitcoin-Netzwerk an Größe zunimmt, haben die Techniker einen zunehmenden Anreiz, Transaktionen zu ignorieren, die keine angemessenen Gebühren beinhalten. Eine der BTC-Transaktionen Ihres Freundes kann innerhalb einer Stunde nach Zahlung einer Gebühr von nur 0,50 € bestätigt werden, während die Transaktionsgebühr von 1,50 € in zehn Minuten bestätigt wird. Es gibt keinen genauen Gebühren-Minuten-Leitfaden, auf den Sie sich beziehen können, aber gute Bitcoin-Geldbörsen werden Vorschläge für Gebührenbeträge bei Transaktionen mit "niedriger Priorität" oder "hoher Priorität" machen. Sie sollten sich nach diesen Vorschläge erkundigen und sie, wenn möglich befolgen. Es ist auch hilfreich sicherzustellen, dass die Transaktion eine angemessene Gebühr enthält. Tun Sie dies, indem Sie sich die Transaktion in Ihrer BTC-Wallet anzeigen lassen.

6 WAS PASSIERT, WENN SIE VERGESSEN EINE GEBÜHR ANZUGEBEN ODER EINE ZU NIEDRIGE GEBÜHR ANGEGEBEN HABEN:

Es ist mehr als wahrscheinlich, dass Ihre Transaktion noch bestätigt wird, aber es wird deutlich mehr Zeit in Anspruch nehmen. Statt Minuten könnte die Überprüfung der Transaktion bis zu vierzehn Tage im Rückstand bleiben. An diesem Punkt wird das System die Transaktion abbrechen und die BTC an Sie zurückgeben. Wenn Sie sich am Empfangsende von Transaktionen befinden, sollten Sie vor dem Versenden von Waren oder Dienstleistungen auf die Netzwerkbestätigung warten.

Es gibt Möglichkeiten, die Gebühr zu erhöhen, nachdem die Transaktion schon gesendet wurde, aber diese Methoden sind weder kostenlos noch garantieren sie Erfolg oder sind einfach.

Transaktionsbeschleunigerdienste schließen Ihre Transaktion in den nächsten Block ein, den sie in das öffentliche Hauptbuch schreiben. Diese Dienstleistungen sind kein verlässlicher Partner und es empfiehlt sich sie zu meiden, indem Sie die Gebühren im Voraus mit einbeziehen.

7 WARUM BITCOIN SO BESONDERS IST.

Bitcoin ist nicht reversible. Im Gegensatz zu Kreditkartentransaktionen und PayPal sind Bitcoin-Transaktionen nicht umkehrbar. Sobald eine Bitcoin-Transaktion bestätigt wurde, hat die BTC permanent den Besitzer gewechselt. Weder der Absender noch Dritte können die Transaktion rückgängig machen. Es ist gleichbedeutend mit der Übergabe von Bargeld. Das ist super für Händler, die sich nicht mehr um Rückbuchungen sorgen müssen

Bitcoin hat relativ geringe Gebühren. Während die Gebühr für das Senden von Bitcoin stark variieren kann, hängt sie davon ab, wie komplex die Transaktion ist und wie schnell die Transaktion in das Hauptbuch geschrieben werden soll. Es wird NICHT durch die Entfernung, die Anzahl der Grenzen, die überquert werden müssen, oder die Menge der BTC bestimmt. Das Senden von 100 € im Wert von BTC an jemanden auf der anderen Straßenseite kostet dasselbe wie das Senden von 100.000 € an jemanden auf der anderen Seite des Globus. Wenn Sie jedoch möchten, dass die Transaktion so schnell wie möglich bestätigt wird, müssen Sie damit rechnen, dass Sie etwas mehr bezahlen werden.

Bitcoin hat keine obligatorischen dritten Parteien. Wenn Sie jemandem Geld auf traditionelle Weise schicken, tun Sie dies unter Einbeziehung Ihrer eigenen Bank und der Bank des Empfängers sowie der zusätzlichen Kontrolle durch die Regierung.

Wenn Sie etwas mit einer Kreditkarte kaufen, sind sowohl die Bank als auch der Zahlungsprozessor des Geschäfts an der Transaktion beteiligt. Diese Drittparteien sind meist vorteilhaft für beide Parteien, die Handel betreiben. Dritte Parteien können auch eine Haftung sein. Aber was ist, wenn die Dinge wackelig werden? Vielleicht wird der Kreditkartenprozessor des Ladens gehackt oder Visa und Mastercard machen wegen politischem Druck keine Geschäfte mehr mit Ihnen? Genau das ist 2014 mit Wikimedia passiert. Auch PayPal ist bekannt dafür, dass es sich im Interesse von seinen Investoren durchsetzt. Vielleicht haben Sie ein Missverständnis mit dem IRS, und dieser friert Ihr Bankkonto ein, während die Dinge geklärt werden? Solche Sachen passieren und können sehr belastend sein.

Diese Interferenz ist unmöglich im Umgang mit Bitcoin. Viele Händler verwenden jedoch bereitwillig einen Bitcoin-Zahlungsprozessor wie BitPay oder Coinbase um die Benutzerfreundlichkeit zu erhöhen.

Bitcoin ist endlich. Die Anzahl der Bitcoins ist auf 21 Millionen begrenzt. Sobald der letzte Bitcoin erstellt wurde, kann niemand mehr von diesen erschaffen. Diese endliche Versorgung ist der Grund, warum Bitcoin nicht inflatiös ist.

Umgekehrt ist die potenzielle Anzahl von US-Dollar (Hauptwährung um Bitcoin zu kaufen) unendlich. Jedes Jahr schafft die Regierung mehr Geld (nicht mit Reichtum zu verwechseln) und macht dadurch die vorhandenen Dollars weniger wertvoll. Das ist der Grund, warum dein Großvater all diese Geschichten über eine Limonade erzählt, die einen Nickel kostet, und warum das Geld, das du heute auf dein Bankkonto schüttest, nicht so viel kaufen wird, wenn du deinen Enkelkindern erzählst, wie viel du für eine Limonade bezahlst . Bitcoin hat kein inflationäres Problem in sich selbst, aber eines in Bezug auf USD. Hier hat der Wert von Bitcoin ziemlich stark geschwankt. Diese Fluktuation ist jedoch nicht auf die Produktion von mehr Währung zurückzuführen.

Bitcoin ist teilbar. Die kleinste Einheit der US-Währung ist der Penny oder $ 0,01 USD. Die kleinste Einheit von BTC ist das Satoshi oder 0,00000001 BTC. Bitcoin ist bis zu 8 Dezimalstellen teilbar, was theoretisch erlaubt, es für sehr kleine Transaktionen zu verwenden, die als "Mikrozahlungen" bekannt sind. Ein Micro-Payment-System könnte es Zuschauern ermöglichen, Videos pro Minute zu bezahlen, oder es Ihnen erlauben, zum Schalter zurückzukehren, weil Sie vergessen haben, eine zusätzliche Seite des Dressings für Ihre Süßkartoffel-Fritten zu kaufen.

Wie dem auch sei, steigende Transaktionsgebühren machen BTC weniger geeignet für kleine Transaktionen. Vorgeschlagene Änderungen am Bitcoin-Protokoll können die Gebühren auf ein Niveau zurückführen, das niedrig genug ist, um das Interesse an Mikrozahlungen zu erneuern.

Während 8 Dezimalstellen die aktuelle Grenze der Teilbarkeit sind, kann es sein ‚dass diese im Laufe der Zeit erhöht wird und aktuelle Diskussionen über mögliche Lösungen wie Scripting, Multi-Signatur-Adressen und digital autonome Unternehmen gehen weit über das hinaus, was für einen Einführungstext angemessen ist. Das einzige, was ein neuer oder potenzieller Bitcoin-Nutzer wissen sollte ist, dass Bitcoin mehr Potenzial hat als das, was Sie bisher gelesen haben. Das Bitcoin-Protokoll kann einige seltsame, interessante und sehr nützliche Dinge tun. Diese Dinge haben wenig Einfluss darauf, wie Sie Bitcoin als neuen Benutzer verwenden können, aber die Möglichkeiten müssen genannt und erfasst werden.

8 WER KONTROLLIERT BITCOIN?

Bitcoin ist kein Produkt einer Regierung, eines Unternehmens oder einer Organisation. Es hat keinen Präsidenten, CEO oder Board of Directors. Bitcoin ist so strukturiert, dass kein Individuum oder einzelne Gruppen die Funktionsweise ändern können.

Bitcoin wird oft aktualisiert, aber die Veränderungen werden von mehreren Parteien vereinbart, von denen jede so viel in ihren eigenen Interessen wie den Interessen der Bitcoin-Gemeinschaft wirtschaftet. Keine dieser Parteien "kontrolliert" Bitcoin allein, aber die Entwicklung des Bitcoin-Protokolls erfolgt durch ihre Interaktion:

Entwickler. Bitcoin ist in Software implementiert, also haben die Entwickler die Kontrolle, richtig? Wenn jemand eine Änderung an Bitcoin einführen wollte, konnten sie nicht nur einen der Bitcoin-Entwickler beeinflussen, diese Änderung zu einer neuen Version von Bitcoin hinzuzufügen? Sie könnten. Aber der Code, der Bitcoin ausführt, ist wie das verteilte Hauptbuch von Transaktionen öffentlich. Interessenten schauen sich ständig den Code und alle Änderungen an. Jegliche hinterhältige Veränderung, was jemand mit größter Sicherheit schonmal versucht hat, würde es nicht aus der

Code-Überprüfung heraus schaffen und in der Testphase entdeckt werden, die alle neuen Versionen der Software vor der Veröffentlichung durchlaufen müssen. Aber angenommen, jemand hat ALLE Entwickler beeinflusst? Könnten sie zusammenkommen und die maximale Anzahl von Bitcoins zum Beispiel auf 50 Millionen ändern? Wenn sie es täten, mussten sie Rede und Antworten stehen zu …..

Dem Netzwerk. Techniker sind nicht die einzigen Personen, die für das Netzwerk essentiell sind. Jede Person, die ordnungsgemäß konfigurierte Bitcoin-Software auf ihrem Computer ausführt, ist Teil des Netzwerks. Sie schreiben keine Transaktionen in das Hauptbuch, aber sie kommunizieren miteinander, um diese Transaktionen über das Bitcoin-Netzwerk zu verbreiten. Wenn Sie einen Artikel online mit Bitcoin kaufen, wird Ihre Transaktion innerhalb von Sekunden nach dem Senden auf dem Bitcoin-Netzwerk sichtbar sein, obwohl die Transaktion noch nicht in das Hauptbuch geschrieben wurde. Die anderen Nicht-Mining-Maschinen im Netzwerk machen das möglich. Aber genau wie die Techniker müssen diese Benutzer ihre Software aktualisieren, damit neue Versionen von Bitcoin greifen können. Genau wie die Techniker können sie sich entscheiden, alte oder alternative Versionen der Software auszuführen, wenn ihnen die von den Entwicklern vorgenommenen Änderungen nicht gefallen.

Endbenutzer. Unterschätze niemals die Macht des Endbenutzers. Es sind die Leute, die Transaktionen machen, die Bitcoin seinen Wert geben. Keine Entität kann Sie zwingen, eine bestimmte Bitcoin-Version zu verwenden oder überhaupt Bitcoin zu verwenden. Die Endbenutzer können und werden jede "neue" Version von Bitcoin aufgeben, die nicht ihre besten Interessen im Fokus hat. Dies ist das ultimative Veto, und Entwickler und Techniker wissen es.

Wenn die Benutzerbasis wächst, sinkt leider der Grad

der Beteiligung des durchschnittlichen Benutzers. Den meisten Nutzern ist es egal, worüber die Entwickler und die Techniker wöchentlich streiten ... und das sollte es auch . Das Vetorecht des Endbenutzers wird wahrscheinlich von den Leuten ausgeübt werden, die die Bitcoin-Wallets herstellen, weil sich dazu entscheiden können, Änderungen am Protokoll im Rahmen des Zumutbaren zu implementieren oder zu ignorieren

Viele Änderungen an Bitcoin sind ein epischer Kampf zwischen diesen mächtigen Parteien. Die meisten Änderungen am Bitcoin-Protokoll sind geringfügig, nützlich und nicht kontrovers. Aber wenn es sehr unterschiedliche Meinungen darüber gibt, welche Auswirkungen eine Veränderung haben könnte, kann der Prozess verlängert und extrem umstritten sein. Dies ist kein Problem für Menschen, die BTC zufällig nutzen, aber Anleger und Händler müssen im Rahmen ihrer Rechte und Pflichten informiert bleiben.

Techniker. Techniker führen die Maschinen aus, die die Transaktionen in das öffentliche Hauptbuch schreiben. Sie werden von den Gebühren bezahlt, die Benutzer in ihre Transaktionen einbeziehen. Wenn eine neue Version von Bitcoin veröffentlicht wird, müssen die Techniker die Software auf ihren Maschinen aktualisieren, damit die Änderungen implementiert werden können. Oder sie können sie einfach ignorieren. Wenn Techniker glauben, dass die "neue Version" von Bitcoin ihr Geschäft schädigen oder den Preis von BTC negativ beeinflussen wird, können sie es ablehnen, indem sie es einfach nicht ausführen. Einige Techniker haben unterschiedliche Ideen darüber, was für Bitcoin gut ist und was nicht, so dass manche den neuen Code ausführen, andere dagegen nicht. Der Code, der mit der größten Rechenleistung unterstützt wird, "gewinnt". Wenn es keinen eindeutigen Gewinner gibt, können zwei konkurrierende Versionen von Bitcoin eine Zeit lang nebeneinander existieren.

9 BITCOIN MINING.

Jeder mit dem Bitcoin-Netzwerk verbundene Computer ist ein Knoten. Knoten übertragen Transaktionen, halten eine vollständige Kopie des öffentlichen Hauptbuchs und können auch als Bitcoin-Wallets verwendet werden. Aber nicht alle Knoten sind gleich.
Einige Mitglieder des Netzwerkes sind an der entscheidenden Aufgabe der "Bestätigung" oder Transaktionen in das Hauptbuch zu schreiben beteiligt. Diese speziellen Knoten heißen Miners. Die Art der Arbeit, die sie ausführen, ist sowohl komplex als auch schwierig ... so sehr, dass sie spezialisierte Hardware benötigt, um effizient zu arbeiten. Diese Techniker führen diese Arbeit jedoch nicht aus der Güte ihres Herzens aus. Das Bitcoin-Netzwerk kompensiert sie auf zwei Arten für jeden Transaktionsblock, den sie in das Hauptbuch schreiben:
- Sie erhalten die in diesem Transaktionsblock enthaltenen Transaktionsgebühren
- Sie erhalten eine Technikerprämie von 25 BTC. Dieser Betrag sinkt alle paar Jahre und wird

schließlich Null erreichen, was die Techniker zwingen wird, sich ausschließlich auf Transaktionsgebühren als ihr Einkommen zu verlassen.

Techniker konkurrieren miteinander, um den nächsten Transaktionsblock zu bestätigen. Da die Technik so schwierig ist, schließen sich die meisten Techniker zu Gruppen zusammen („Pools"), die ihre Rechenleistung kombinieren und teilen alle Prämien, die sie verdienen.

10 KANN JEDER TECHNIKER WERDEN UND WENN JA, LOHNT ES SICH?

Praktisch gesehen kann jeder Techniker werden. Es gibt nichts, was Sie davon abhält, die Bitcoin-Software auf Ihrem PC zu installieren und sich dem Netzwerk als Techniker anzuschließen. Die Wahrscheinlichkeit, dass Sie einen Block abbauen und die damit verbundenen Belohnungen erhalten, ist jedoch verschwindend gering. Sie würden im Wesentlichen Ihre Zeit und Elektrizität verschwenden.

Um ehrlich zu sein, Technik für ein paar einfache Leute wie Sie und mich, spielt keine Rolle. Alles was Sie wissen müssen ist, dass ein Netzwerk von Computern diese verrückten mathematischen Dinge berechnet, die Blöcke genannt werden, die zur Blockchain hinzugefügt werden. In den frühen Tagen konnte Bitcoin -Mining noch mit einem normalen PC durchgeführt werden. Nun, ist es ein hochentwickelter Prozess, und wenn Sie keinen Zugang zu ernstem Startkapital haben, denken Sie nicht einmal darüber nach. Heutzutage ist es eine Industrie.

11 SIE WOLLEN ALSO SCHLUSSENDLICH EIN PAAR SAFTIGE BITCOIN IN IHRE DIGITALEN HÄNDE BEKOMMEN...

Online Bitcoin Austausche (Exchanges) sind der einfachste Weg, um BTC zu kaufen. Börsen akzeptieren USD-Einzahlungen, typischerweise von einem Bankkonto oder einer Kreditkarte, und tauschen diese Dollars gegen eine entsprechende Menge an BTC ein. Der Prozess ist einfach, aber es gibt einige Dinge, die neue Benutzer beachten sollten.

Online-Börsen werden Ihre persönlichen Daten anfordern, bevor sie mit Ihnen zusammenarbeiten. Sie müssen eine Kopie eines Führerscheins oder eines ähnlichen Dokumentes vorlegen und vielleicht Fragen zur Herkunft Ihres Geldes beantworten. Dies ist eine Bundesvorschrift, die jeder, der eine Bank oder ein Broker-Konto eröffnet hat, kennen sollte. Diejenigen, die damit nicht vertraut sind, könnten dies als einen Eingriff in die Privatsphäre ansehen oder sich über die Bereitstellung persönlicher Identifikationsdaten via Internet hinwegsetzen wollen. Beachten Sie auch, dass der

Austausch Zeit benötigt, um die Informationen zu verarbeiten, die Sie bereitstellen und Sie werden während dieser Zeit eingeschränkten oder keinen Zugriff auf Dienste der Börse haben.

Erwarten Sie nicht, ein Konto bei einer Online-Börse zu eröffnen und sofort große Mengen an BTC kaufen / verkaufen zu können. Wenn Sie Bitcoin sofort benötigen, ziehen Sie eine der anderen Methoden in Betracht.

In der Vergangenheit haben einige Online-Börsen (Coinbase) die Bewegung der Bitcoin, die ihre Kunden gekauft haben, verfolgt. Behalten Sie im Kopf, dass das Bitcoin-Hauptbuch (Ledger) öffentlich ist und der Exchanger (Austauscher) weiß, an welche Adresse er die BTC gesendet hat. Kunden, die ihre neu erworbene BTC für illegale Aktivitäten genutzt haben, haben ihre Konten unerwartet geschlossen.

Online-Börsen haben normalerweise eine eigene Wallet, die zum eigenen System dazu gehört. Wenn Sie Bitcoin kaufen, geht die BTC während des Austausches in Ihre Brieftasche und bleibt dort, bis Sie sie woanders hinbewegen.

LASSEN SIE IHREN BTC NIEMALS IN EINER AUSTAUSCHMAPPE (Exchange-Wallet)! Sobald der Kauf abgeschlossen ist, verschieben Sie die BTC in eine Wallet, die Sie kontrollieren. Die einzige Ausnahme, die es gibt, bezieht sich auf Tageshandel oder Arbitrage, aber als neuer Benutzer werden Sie keines dieser Dinge tun.

Denken Sie daran, dass (Austausch)Börsen keine Banken sind. Börsen wurden gehackt, haben Bitcoin "verloren" und haben Nutzer betrogen und sind durch ihre eigene Inkompetenz / Amtsmissbrauch auch bankrott gegangen. Wenn ein Austausch in Schwierigkeiten ist, blockieren Sie als erstes das Abheben von BTC aus ihren Online-Brieftaschen. Die Lektion von "MtGox" ist eine großartige Erinnerung daran, warum Sie niemals Geld für einen Tausch ausgeben sollten.

Ihre Bank wird Bitcoin nicht mögen.Es gibt

dokumentierte Fälle von Personen, deren Transaktionen gesperrt wurden oder deren Konten bei großen Banken wegen "verdächtiger Aktivitäten" geschlossen wurden, nachdem Geld an eine Bitcoin-Börse versendet wurde. Es ist nicht oft passiert und ist in letzter Zeit nicht mehr passiert, aber es ist passiert und wird sicherlich wieder passieren.

Online-Börsen können langsamer werden, wenn die Nachfrage steigt. Die jeweiligen Websites können nicht mehr verfügbar sein, oder Käufe und Transaktionen können sehr lange dauern. Ungeklärte Stornierungen von Käufen sind nichts Unbekanntes.Bitcoin Austauschen.

Persönlicher Austausch. Wenn Sie in einem Gebiet mit vielen Bitcoin-Nutzern leben, können Sie möglicherweise jemanden treffen und eine Bargeld-Dollar-zu-BTC-Transaktion durchführen. Dienste wie LocalBitcoins (localbitcoins.com) und Mycelium Marketplace (über das Mycelium Wallet auf Android) können Käufer und Verkäufer miteinander verbinden. Diese Methode ist privater und möglicherweise schneller als die Verwendung eines Austauschs, aber die Preise werden höher sein. Sie sollten auch gewisse Sicherheitsstandards beachten. Befolgen Sie die Regeln für das Treffen eines Termins, den Sie online getroffen haben, indem Sie die Transaktion an einem öffentlichen, gut beleuchteten Ort durchführen, da Sie eine unbekannte Person treffen werden, die weiß, dass Sie Bargeld mit sich führen.

Bitcoin Geldautomaten. Es gibt Bitcoin Geldautomaten und nein, es gibt wahrscheinlich keinen in Ihrer Nähe. Aber sie existieren und Sie können Google oder CoinATMRadar verwenden, um einen zu finden. CoinATMRadar hat auch eine App, die Sie auf Ihrem Smartphone für den mobilen Einsatz laden können. Es gibt verschiedene ATM-Typen, deren genaue Vorgehensweise variiert. Seien sie darauf vorbereitet, dass Sie sich ausweisen müssen.

Andere Bitcoin Brieftaschen (Wallets). Einige Bitcoin-

Wallets wie Mycelium haben sich mit Börsen zusammengeschlossen, um die Möglichkeit zu bieten, BTC aus der Wallet selbst zu kaufen und zu verkaufen, oft unter Verwendung einer Kredit- / Debitkarte. Dies sind im Wesentlichen nur Links zu Online-Börsen. Sie werden mehr für die Bequemlichkeit zahlen müssen.

Dienste wie BitQuick (www.bitquick.com) funktionieren wie eine Kreuzung zwischen einem lokalen Bitcoin-Broker und einem regulären Austausch. Sie verbinden Käufer und Verkäufer, doch anstatt sich online zu treffen, erfolgt der Austausch analog, wobei der Käufer Bargeld direkt auf das Bankkonto des Verkäufers einzahlt. Es gibt normalerweise eine Art Treuhandkonto, um sicherzustellen, dass niemand betrogen wird.

12 WIE MAN BITCOIN NICHT ERHÄLT!!

Bitcoin-Werbeseiten. Dies sind Websites, die Ihnen sehr kleine Mengen von BTC im Austausch dafür schicken, dass Sie nur ihre Seite besuchen, die voller Werbung ist. Es ist nichts falsch oder illegal an diesen Websites, aber Leute, die Bitcoin noch nicht kennen, haben die falsche Vorstellung davon, wie viel sie auf diese Weise erreichen können. Werbeseiten liefern EXTREM kleine Mengen (Bruchteile von einem Cent), und Sie müssen in der Regel warten, bis Sie einen Mindestbetrag anhäufen, bevor sie Ihre BTC überhaupt erhalten. Wenn Sie nicht viel Geduld und eine hohe Toleranz für Frustration und Werbung haben, lassen Sie die Werbeseiten links liegen.

Scams, Schemata und "Investitionen". Bitcoins Geschichte ist voll von "Investitionen", die Zinsen oder Dividenden in BTC zahlten. Nicht alle waren reine Betrügereien, aber die allermeisten schon. Die Mehrzahl dieser waren leicht als Betrügereien anhand ihrer wilden Behauptungen von garantierten Ergebnissen für wenig oder kein Risiko zu identifizieren. Einige machten glaubhaftere Behauptungen, verschwanden aber plötzlich oder wurden stillgelegt. Wenn Ihnen jemand anbietet,

Bitcoin-Dividenden zu zahlen, wenn Sie Ihre BTC bei dem Anbieter hinerlegen oder "Aktien" in diesem Bitcoin-Venture kaufen, lassen Sie es bleiben. Gehen Sie davon aus, dass es sich um einen Betrug handelt, auch wenn sich die Zahlen der Firma augenscheinlich vergrößern. Sie werden in der Majorität der Fälle Recht behalten

13 IN BITCOIN INVESTIEREN.

Ob Sie eine große Menge an BTC kaufen und hoffen, dass Sie es später für einen massiven Gewinn verkaufen können (Spekulation) oder BTC kaufen und verkaufen, um von kurzfristigen Kursschwankungen (Handel) zu profitieren, macht für die Frage „ist es das Risiko wert?" keinen Unterschied.

Menschen haben eine MENGE Geld mit Bitcoin gemacht.

Anfang 2011 war eine BTC 1 USD Wert. Heute, im Jahr 2017, beträgt ein BTC 2100 Dollar. Wenn Sie in BTC investiert hätten, als es unter einem Dollar lag, hätten Sie in weniger als einem Jahrzehnt eine lebensverändernde Geldmenge angehäuft. Einige der frühen Gewinner waren Entwickler oder versierte Hobbyisten, die das Potenzial in Bitcoin sahen und eine Entscheidung trafen, die sich als äußerst profitabel herausstellte. Andere wiederum waren Leute, die von Bitcoin gehört hatten und, nachdem sie wenig darüber wussten, einen Haufen gekauft hatten, weil andere Leute es taten. Die erste Gruppe von Leuten waren Anleger, die wussten, was sie taten und ein kalkuliertes Risiko eingingen. Die zweite Gruppe waren Spieler, die Glück hatten.

Bitcoin hat Millionäre gemacht.

Aber es hat auch Menschen ruiniert. Der Anstieg von Cent zu Tausenden von Dollar war keine klare Linie. Von Ende 2013 bis Anfang 2014 erlebte BTC einen Rückgang von über $ 1200 auf rund $ 350. Erst im März 2017 kehrte er wieder auf das Niveau von $ 1200 zurück. Wer an der Spitze kaufte und frustriert verkaufte, als der Preis fiel, verlor viel Geld. An einem Punkt im Jahr 2014 war der Top-Beitrag im beliebten Bitcoin-Forum auf Reddit ein Link zu einer Suizid-Hotline. Das war kein Witz.

Anlageberatung: Investieren Sie nicht in Dinge, die Sie nicht verstehen und vielleicht noch wichtiger, investieren Sie kein Geld, das Sie nicht verlieren können.

Wenn Sie ein Spekulant oder Händler am Anfang ihrer Karriere sind, ist Bitcoin kein Ort um an Erfahrung zu gewinnen.

Ich glaube nicht, dass Bitcoin sein Aufwärtspotenzial ausgeschöpft hat. Es gibt auf lange Sicht immer noch Profit, aber nur von denen, die vorsichtig vorgehen und sich bemühen, zu lernen, in was sie investieren. Was ich Bitcoin-Neulingen empfehle, ist, den Prozess zu lernen, insbesondere über Handel und die sichere Speicherung von Bitcoin.

Am Anfang investieren Sie anstelle von Geld Ihre Zeit und Energie. Sehen Sie, wie Bitcoin funktioniert. Beobachten Sie, welche Probleme Bitcoin löst und welche Probleme es noch zu überwinden hat, bevor es eine von der Masse genutzte Platform werden kann. Nehmen Sie an Diskussionen in Online-Foren wie Reddit oder Bitcoin-Websites teil. Tauchen Sie ein in die Tiefe und es wird nicht lange dauern, bis Sie das Potenzial und die Schwächen von Bitcoin einzuschätzen wissen. Dies wird Ihnen klügere Investitionsentscheidungen ermöglichen.

14 DIE SICHERHEIT VON BITCOIN.

Wahre Sicherheit kann nur nach einer langen Geschichte erfolgreichen Angriffswiderstands garantiert sein. Das gilt für Währungen genauso wie für nationale Grenzen, mittelalterliche Burgen oder meine Leber. Bitcoin wurde seit seinem ersten Erscheinen im Jahr 2008 ständig getestet und angegriffen. Das Bitcoin-Netzwerk hat diese Angriffe überlebt und ist widerstandsfähiger gegen sie geworden, da Entwickler Bugs beheben und Schwächen angehen.

Denken Sie auch daran, dass Bitcoin nur so sicher ist wie Ihr Computer!

Die meisten Menschen sind mit Bitcoin vertraut, um Gegenstände online oder persönlich zu kaufen. Bitcoin ist "sicher genug" und das Meiste, was Sie wahrscheinlich im Falle eines unvorhergesehenen Problems verlieren würden, ist das Äquivalent zu dem Gut oder Service, den Sie gerade kauften. Die Händler Exposition ist viel höher. Ein Händler kann mit Tausenden zu Zehntausenden von Dollar in Bitcoin handeln.

Sie müssen selbst entscheiden, ob Bitcoin "sicher genug" für alles ist, was Sie versuchen zu tun. Eine große und wachsende Anzahl von Menschen betrachten Bitcoin als sicherer als Kreditkarten für Online-Transaktionen, würden es aber noch nicht als Langzeitspeicher für große Summen nutzen.

15 MÖGLICHE GEFAHREN.

- Hacker stehlen Ihr Geld oder verwenden Ihre persönlichen Informationen, um Ihren Kredit zu ruinieren.
- Ein Software- oder Netzwerkfehler, der dazu führt, dass BTC aus Ihrem Wallet „verschwindet".
- Eine Regierung oder ein Unternehmen blockiert den Zugriff auf Ihre Gelder
- Wechselkursschwankungen aufgrund der Nachfrage in anderen Ländern.

Es ist nahezu unmöglich, die Sicherheit von Bitcoin gegenüber jeder potenziellen Bedrohung zu bewerten. Daher ist es wichtig zu entscheiden, welche Bedrohungen für Sie am schlimmsten sind.

Während keine Software oder kein Netzwerk zu 100% unzerbrechlich ist, macht es die Natur von Bitcoin und der Blockchain extrem unwahrscheinlich gehackt zu werden. Ich habe fast keine Bedenken wegen dieser Bedrohung. Das Bitcoin-Protokoll ist so sicher wie es nur sein kann. Die Idee eines Softwareschadens, der Ihr Geld auslöscht, ist noch weniger wichtig (oder wahrscheinlich) als Hacker, da jede Bitcoin-Transaktion in einem öffentlichen, verteilten Ledger (Hauptbuch) dauerhaft aufgeführt wird. Ein Fehler im Bitcoin-Protokoll kann dieses Ledger nicht ändern. Ein Fehler in Ihrer Wallet-Software kann nicht in der Zeit zurückgehen und Ihre Einzahlungen verschwinden lassen.

Jede Sorge sollte die Sicherheit Ihres Computers oder der spezifischen Wallet-Software, die Sie verwenden, beinhalten.

Welche Risiken haben Preisstabilität und Inflation? Der Wert eines US-Dollars sinkt im Laufe der Zeit aufgrund der Inflation, aber von Tag zu Tag gab es bis heute keine nennenswerte Inflation.

Der Wert von Bitcoin hat einige aufregende Anstiege und Rückgänge in seiner Geschichte erfahren, von denen einige über Tage oder Wochen stattfanden. Der langfristige Preistrend ist jedoch aufwärts gerichtet. Was bedeutet das alles? Es bedeutet, dass Ihr Bitcoin 100% sicher vor Inflation ist, aber sehr anfällig für Preisschwankungen ist. Wenn Sie Bitcoin als Mittel zur langfristigen Speicherung von Geld verwenden, dann wirken sich die fehlende Inflation und der Aufwärtstrend zu Ihren Gunsten aus. Wenn Sie Bitcoin zum Kaufen und Verkaufen von Dingen verwenden, dann sind Inflation und Preisvolatilität irrelevant. Ihr Zeitrahmen ist wahrscheinlich zu kurz, um für beide von Bedeutung zu sein. Wenn Sie irgendwo dazwischen sind, können die Dinge jedoch gruselig werden. Wenn Sie Bitcoin für etwas speichern, das Sie bald benötigen, aber nicht sofort, werden Sie möglicherweise von unerwarteten Kursschwankungen negativ betroffen sein. Bitcoin ist keine gute Möglichkeit, Geld für Ihren Urlaub in ein paar

Monaten zu speichern. Im Jahr 2010 kaufte ein Entwickler 2 Pizzen für 10.000 BTC. Nur ein paar Jahre später würde diese Menge an BTC 100 Millionen Dollar wert sein. Der Preis für Pizza ist dagegen relativ stabil geblieben.

Einer der wesentlichen Kompromisse bei der Verwendung von Bitcoin besteht darin, die volle Verantwortung für die Sicherung Ihres eigenen Vermögens zu übernehmen. Es gibt eine Menge Leute, die Ihnen Rat und Hilfe anbieten können, aber die Verantwortung und Haftung liegt bei Ihnen. Erinnern Sie sich an die Banken und Zahlungsprozessoren, die Bitcoin optional anbieten möchte? Die meisten Kreditkarten sind nicht haftbar für Gebühren, wenn Ihr Konto kompromittiert ist. Wenn eine Bank insolvent wird und Ihr Geld mitnimmt, versichert die FDIC Sie für bis zu $ 100.000. Für Bitcoin gilt das nicht. Wenn Sie die Drittanbieter entfernen, entfernen Sie die Schutzfunktionen, die diese anbieten.

Sind Sie bereit für diese Verantwortung? Denken Sie daran, dass Bitcoin in Adressen gespeichert ist und Sie eine Bitcoin-Wallet benötigen, um Transaktionen mit diesen Adressen durchzuführen. Die Bitcoin Wallet ist eine Software, die auf Ihrem Computer oder Ihrem Smartphone ausgeführt wird. Anstatt sich Gedanken darüber zu machen, ob Bitcoin sicher ist, sollten Sie sich einige Fragen zu Ihrer eigenen Sicherheit stellen:
- Hat Ihr Handy ein wirklich sicheres Passwort?
- Haben Sie jemals Apps aus anderen Quellen als dem App Store oder   Play Store installiert?
- Wie sicher ist Ihr Computerpasswort ?

- Halten Sie das Betriebssystem auf dem neusten Stand?
- Halten Sie alle anderen Systeme auf dem neusten Stand?
- Haben Sie gestohlene Versionen von Spielen oder Software?
- Hat ihr Computer einen Virus oder Trojaner?
- Wie sicher sind Sie bei allen Fragen?

Keine der obigen Fragen sind spezifisch für Bitcoin. Die Leute führen ständig elektronische Banking-Funktionen auf ihren Telefonen und Computern aus, und für sie gelten dieselben Vorsichtsmaßnahmen. Der Unterschied besteht darin, dass Ihre Bank beim Bankgeschäft Sie nicht zu 100% zur Rechenschaft ziehen kann, wenn ein Hacker Ihren Computer benutzt, um Ihr Konto zu leeren. Bitcoin ist nicht wie ein Bankkonto, Bitcoin ist wie Bargeld. Keine beschränkte Haftung. Keine Einlagensicherung. Wenn jemand das Geld aus Ihrer Geldbörse stiehlt, ist das Geld weg. Wenn jemand Zugang zu Ihrem Bitcoin Wallet erhält, wird Ihr Bitcoin zu dessen Bitcoin. Das bedeutet nicht, dass Bitcoin gehackt wurde ... es bedeutet, dass SIE gehackt worden sind. Es war nicht Bitcoins Aufgabe, das zu verhindern. Es war Ihre.

Manche Menschen sind nicht bereit für diese Verantwortungsebene in großen Teilen ihres Vermögens. Als Anfänger sollten Sie Bitcoin auf oder unter Ihrem Komfortniveau halten, bis Sie sich sowohl in der Computer- als auch in der Bitcoin-Sicherheit auskennen.

Einige Tipps für Ihre Sicherheit:
- Verwenden Sie niemals eine Adresse, wenn

es sich vermeiden lässt. Eine Bitcoin-Adresse sollte nur verwendet werden, um einmal Geld zu erhalten. Wenn Sie mehr BTC an Ihr Wallet senden möchten, senden Sie es an eine neue Adresse in Ihrem Wallet. (HINWEIS: Eine Ausnahme bilden Offline oder "Papier" -Wallets, die unten beschrieben werden)

• Nutzen Sie Sperrcodes. Ihr Telefon und Computer sollte einen Passcode und / oder ein Passwort haben. Wenn Ihre Bitcoin-Geldbörse die Einrichtung einer eigenen PIN-Nummer oder eines eigenen Passcodes unterstützt, tun Sie dies. Dies macht es ein wenig langsamer auf Ihre BTC zugreifen, aber die zusätzliche Sicherheit ist die kleinen Unannehmlichkeiten wert.

• Sichern Sie Ihr Wallet. Ihr Bitcoin Wallet ist mehr als nur eine Liste von Adressen. Jede Adresse hat einen eindeutigen Geheimcode, um auf ihren Inhalt zuzugreifen. Sie werden diese Codes wahrscheinlich niemals direkt verwenden. Die Software übernimmt das für Sie. Eine andere Sache, die die Software tun sollte, ist eine Möglichkeit, diese Codes zu sichern und sie in eine neue Brieftasche wiederherzustellen. Der genaue Mechanismus dafür unterscheidet sich, aber auf Smartphones wird die Brieftasche normalerweise mit einer langen Liste zufälliger Wörter angezeigt. Diese Worte sind die geheimen Codes, die in ein Format umgewandelt wurden, das für Menschen einfacher zu handhaben ist. Sie müssen sie nicht auswendig lernen. Sie müssen sie aufschreiben und sie sehr, sehr sicher aufbewahren. Wenn Ihr Telefon beschädigt oder gestohlen wird, können Sie diese Wörter in die Brieftasche eingeben, die auf einem anderen Telefon läuft, und Ihr Bitcoin wiederherstellen.

- Lassen Sie Bitcoin nicht in einem Online-Wallet-Service wie er von Börsen angeboten wird liegen. Ihre Bitcoin-Geldbörse sollte sich auf Ihrem Telefon, auf Ihrem Computer oder auf einer speziellen Hardware befinden, die Sie für diesen Zweck erworben haben (siehe unten). Es sollte niemals "in der Cloud" sein. Wenn eine Website anbietet, Ihre BTC für Sie zu behalten, nehmen Sie NICHT an diesem Service teil. Selbst wenn die Website etwas ist, dem du mit anderen Dingen vertraust (zum Beispiel eine Börse, bei der du BTC kaufst), ist es eine wirklich schlechte Idee, jemand anderen den Zugriff auf deine BTC zu erlauben. Die einzige Ausnahme davon stellen Händler, die BTC für Profit kaufen / verkaufen da. Zusätzlich zu dem Verlust von Geld in einem schlechten Handel, eines der Risiken, mit denen Händler leben, haben diese das Risiko des Verlustes von Geld aufgrund eines Austausches, Bosheit oder Inkompetenz. Nicht-Händler müssen sich diesen Risiken nicht aussetzen, also machen Sie keine Geschäfte mit diesen.
- Behalten Sie keine großen Geldsummen in einem Computer oder einer telefonbasierten Geldbörse (Wallet). Die Definition von "große Summe" variiert mit der Person, aber Sie sollten eine Bitcoin Wallet wie eine physische Brieftasche behandeln. Wenn Sie nicht mit Ihrem gesamten Vermögen in der Tasche herumlaufen, tun Sie es nicht mit Bitcoin. Verwenden Sie stattdessen Hardware-, Papier- oder Offline-Wallets für große Summen und / oder Langzeitspeicher.

Eine Offline-Brieftasche ist eine Wallet auf einer Maschine, die Sie offline lassen und nur für einen Zweck verwenden: zum Speichern und Übertragen von BTC. Es wird nicht zum Surfen im Internet verwendet. Es wird nicht benutzt, um Spiele zu spielen. Es wird nicht zum Überprüfen von E-Mails verwendet. Es ist Bitcoin und nichts anderem gewidmet. Beispiele aus der Praxis können ein altes Smartphone oder ein alter Laptop sein, den Sie gelöscht haben (Werkseinstellung), installierte Bitcoin-Software und dann die Verbindung zum Internet. Auch ohne Netzwerkverbindung können die Adressen in diesen Brieftaschen Bitcoin erhalten. Sie können einfach keine neuen Transaktionen tätigen, um die BTC zu nutzen, ohne die Maschine online zu nehmen. Da die Maschine nicht online ist, können einige Viren oder zufällige Hacker im Internet Ihre Bitcoins nicht stehlen.

Wenn Sie etwas sichereres und robusteres als ein altes Telefon benötigen, können Sie eine spezielle Hardware wie Trezor erwerben. Mit dieser Hardware-Brieftasche können Sie jeden PC für BTC-Transaktionen verwenden, selbst wenn der PC kompromittiert ist. Dies geht über das hinaus, was sie als neuer Benutzers wissen müssen, aber wenn Sie glauben, dass Sie eine große Quantität von BTC anhäufen werden, müssen Sie möglicherweise derartige Technik verwenden . Für jetzt sollten Sie nur wissen, dass es diese Dinge gibt.

Meine bevorzugte Methode der Offline-Speicherung ist eine Papiermappe. Eine Papiergeldbörse ist ein Stück Papier, Plastik oder Metall, auf das eine Bitcoin-Adresse geschrieben ist, zusammen mit dem Geheimcode, der für den Zugriff auf die BTC verwendet wird. Wie oben schon erwähnt muss eine Adresse nicht online sein, um Bitcoin zu erhalten. Sie können Bitcoin an die

Adresse senden, ohne befürchten zu müssen, dass der zugehörige Computer gehackt wird, da kein zugehöriger Computer vorhanden ist. Auf diese Weise ist es vergleichbar mit den oben beschriebenen Offline-Brieftaschen, aber ohne Ersatzmaschine, um offline zu bleiben. Wenn Sie das Geld ausgeben müssen, können Sie die Brieftasche in den meisten Bitcoin-Briefen importieren, den geheimen Code verwenden und den Inhalt übertragen. Dies dauert nur ein paar Sekunden und ist viel weniger kompliziert als es klingt. Ein Risiko, das besteht, ist, dass die Papier-Wallet zerstört oder verloren geht.

Außerdem ist es nicht so einfach, eine Papier-Wallet zu erhalten. Ich empfehle nicht, sie online zu bestellen, da Sie darauf vertrauen, dass der Urheber die Geheimcodes nicht aufzeichnet, bevor er sie an Sie versendet. Es gibt Websites wie Bitaddress.org und walletgenerator.net, die es Ihnen ermöglichen, diese selbst zu generieren und zu drucken, aber auch hier vertrauen Sie darauf, dass die Website die Codes nicht heimlich aufzeichnet. Am besten laden Sie die Erstellungssoftware selbst herunter, führen sie auf Ihrem PC aus und drucken die resultierenden Adressen und Codes auf einen Drucker aus, der physisch mit Ihrem Computer verbunden ist. Wie bei Hardware-Brieftaschen ist eine Papiergeldbörse nichts, worüber sich ein neuer Benutzer Gedanken machen muss; Aber denken Sie daran, das dies mögliche spätere Optionen sind.

• Benutzen Sie niemals eine Gehirn-Wallet. Eine Brain Wallet ist eine Brieftasche ohne Papier. Die Geheimcodes, die ich oben erwähnt habe, sind lange Reihen aus zufälligen Buchstaben und Zahlen, die für den Durchschnittsmenschen unmöglich zu merken oder zu erraten sind. Aber was, wenn Sie sich erinnern könnten? In diesem Fall hätten Sie eine Bitcoin-Adresse, auf die Sie zugreifen könnten, indem Sie das zufällige Kauderwelsch in eine Wallet-Software eingeben. Was ist nun, wenn jemand eine Bitcoin-Adresse erstellt hat, deren geheimer Code leicht zu merken war? Dann hätten sie eine Brain Wallet. Leider sind Dinge, die leicht zu merken sind, wie Zitate, Songtexte oder Passagen aus Büchern, für Computer leicht zu erraten. Wenn Sie eine Brain Wallet mit einem einfach zu merkenden Geheimcode erstellt und BTC dorthin geschickt haben, besteht eine nahezu 100%ige Chance, dass jemand es bereits erraten und in seine Brieftasche importiert hat. Seine Computer sehen jetzt IHRE Adresse und warten darauf, das Geld zu stehlen, das Sie ihm schicken.

Bitcoin ist nicht anonym. Mit ausreichendem Aufwand können Sie es jedoch extrem schwierig machen, Ihre Bitcoin-Transaktionen mit Ihrer Identität zu verknüpfen.

Beachten Sie, dass "extrem schwierig" und "unmöglich" nicht dasselbe sind.

Das öffentliche Ledger (Hauptbuch) enthält einen Datensatz jeder Bitcoin-Transaktion. Das Ledger ist für jeden sichtbar. Behalten Sie im Kopf, dass das Ledger keine Namen oder Informationen enthält, die den Transaktionen zugeordnet sind. Alles, was Sie sehen werden, sind Adressen, Zeitstempel und Beträge. Insbesondere sehen Sie die Adressen, von denen die Bitcoins in der Transaktion stammten (Quellen) und die Adressen, an die sie gesendet wurden (Ziele). Wenn Sie sich eine dieser Quell- oder Zieladressen angesehen haben, sehen Sie mehr Transaktionen mit noch mehr Adressen. Sie können die Bitcoin zeitlich vorwärts und rückwärts auf ihre aktuelle Adresse oder die Adresse, an der sie erzeugt wurden, verfolgen.

Aber wenn keine dieser Informationen einen Namen, eine Adresse oder eine Sozialversicherungsnummer enthält, heißt das nicht, dass alles anonym ist? Nein. Eine ausreichend motivierte Person kann genug Spureninformationen entdecken, um Ihre Identität und / oder die Identität derer, mit denen Sie Geschäfte machen, zu entlarven. Wenn Ihre Bitcoins zu irgendeinem Zeitpunkt eine Entität berühren, die Ihre reale Identität kennt (wie ein Arbeitgeber oder eine Bitcoin-Börse), dann kann Ihre Identität mit einer Vorladung (oder anderen Mitteln) bekannt gemacht werden, und dann können Ihre Transaktionen nachvollzogen werden.

Wie machen Sie es schwerer, Ihre Identität zu entlarven? Der einfachste Weg ist, niemals dieselbe Bitcoin-Adresse zweimal zu verwenden. Verwenden Sie stattdessen Ihre Wallet-Software, um eine neue Empfängeradresse für jede Transaktion zu generieren, in der Sie BTC empfangen.

Sie können auch vermeiden, Bitcoin an einer Börse zu kaufen oder zu verkaufen, und stattdessen Ihre BTC mit persönlichen Transaktionen kaufen.

Um die Privatsphäre auf die nächste Ebene zu heben, verwenden Sie einen Mixer oder Tumbler, um die Quelle Ihres Bitcoins zu verschleiern. Tumbler erstellen eine Reihe von Transaktionen zwischen mehreren Benutzern. Am Ende erhält jeder Benutzer die gleiche Menge an BTC zurück, die er hineingelegt hat, aber er erhält nicht genau die gleichen Münzen. Stellen Sie sich Folgendes vor: Jemand hat die Seriennummern aller Ihrer Rechnungen erfasst, um

Ihre Ausgaben zu verfolgen. Sie und drei Fremde legen alles Geld, das Sie haben, in einen Schuhkarton. Sie schütteln die Box und ziehen dann die gleiche Menge Bargeld zurück, die Sie eingezahlt haben. Sie haben genau so viel Geld wie vorher, aber Sie haben nicht genau die gleichen Rechnungen. Wer immer Sie verfolgt, müsste einen Weg finden, Ihre Identität mit Ihren NEW-Dollar-Scheinen zu verbinden, da die alte Verbindung nicht mehr gültig ist.

Machen Sie sich keine Sorgen, wenn sich das kompliziert oder unnötig anhört, denn für den durchschnittlich neuen Bitcoin-Benutzer ist dieses Vorgehen unnötig.

16 HERAUSFORDERUNGEN FÜR BITCOINS LANGLEBIGKEIT UND MAINSTREAM-APPEAL.

Kapazität. Unter der aktuellen Architektur hat Bitcoin eine begrenzte Kapazität für die Anzahl der Transaktionen, die es pro Stunde bewältigen kann. Denken Sie daran, dass Transaktionen in Blöcken in das öffentliche Hauptbuch geschrieben werden und im Durchschnitt alle 10 Minuten ein Block geschrieben wird. Es gibt auch eine Grenze für die Größe eines Blocks. Dies beschränkt die Anzahl der Transaktionen, die das Netzwerk pro Stunde verarbeiten kann. Das war kein Problem, als Bitcoin klein und relativ unbekannt war, aber als Bitcoin aus dem Bereich der Hobbyisten in den Mainstream überging, wurde die Kapazität des Systems zu einem wachstumshemmenden Hindernis, das noch angegangen werden muss.

Einige möchten die maximale Größe der Blöcke erhöhen. Einige möchten die Funktionsweise des Protokolls ändern, so dass Transaktionen kleiner sein können und mehr von ihnen in Blöcke passen können. Wieder andere wollen nichts unternehmen und lassen den freien Markt oder den "Gebührenmarkt" in diesem Fall seinen Job machen. Die Details dieser möglichen

Lösungen gehen über diesen einleitenden Text hinaus, aber bis eine Lösung erreicht ist, sollten die Benutzer steigende Gebühren und / oder längere Wartezeiten erwarten, da der Rückstand an ungeschriebenen Transaktionen wächst.

Steigende Gebühren. Eines der ursprünglichen Verkaufsargumente von Bitcoin waren die niedrigen Kosten für die Übertragung von Geldern, unabhängig von Entfernung oder Menge. Dies trifft nach wie vor in hohem Maße zu, allerdings sind die Gebühren für Transaktionen in BTC deutlich gestiegen. Während es vor Jahren noch einen Cent gekostet hat, um eine Transaktion zu senden, kostet heute dieselbe Transaktion 1,15 Dollar. Während die Transaktionsgebühren immer noch viel niedriger sind als bei konkurrierenden traditionellen Systemen wie Western Union, fressen sie Bitcoins Eignung für das Versenden kleiner Mengen oder den Kauf von Artikeln mit niedrigen Kosten. $ 1 auszugeben, um $ 3 an jemanden zu senden, ist albern. Wenn eine Lösung für das Kapazitätslimit implementiert wird, fallen die Gebühren. Die Gebührenerhöhung aufgrund des Wechselkurses wird jedoch fortgesetzt, solange Bitcoin an Wert zunimmt.

Händlerakzeptanz. Die Anzahl der Händler, die BTC akzeptieren, ist immer noch ein kleiner Prozentsatz derer, die traditionelle Zahlungsmethoden wie Kreditkarten akzeptieren. In den letzten Jahren ist jedoch ein enormes Wachstum zu verzeichnen, und das Wachstum verlangsamt sich nicht. Bei Unternehmen wie Gyft können Sie Bitcoin verwenden, um Geschenkkarten zu kaufen und Purse.io ermöglicht es Ihnen, Artikel von Amazon mit BTC zu kaufen. Die begrenzte Akzeptanz von Bitcoin wird von Jahr zu Jahr weniger.

Öffentliche Wahrnehmung. Bitcoin wurde beschuldigt, ein Schneeballsystem zu sein, ein Werkzeug von Terroristen, Drogenhändlern und / oder Pädophilen, sei "tot" oder auf andere Weise zum Scheitern verurteilt, eine Regierungsverschwörung ... die Liste ist lang. Und

BITCOIN: Was Treiben Diese Kids Da Schon Wieder?

trotzdem existiert Bitcoin nicht nur, sondern es gedeiht auch. Menschen widersetzen sich dem Wandel und Bitcoin bedeutet eine massive Veränderung in der Finanzbranche. Es ist nicht nur ein Instrument, das die derzeitige Finanzinfrastruktur effizienter machen könnte, sondern auch große Teile dieser Infrastruktur irrelevant macht. Zu sagen, eine gewisse Menge an Widerstand und Namensaufruf sollte erwartet werden, ist eine Untertreibung. Menschen mögen Dinge nicht, die sie nicht verstehen, und Bitcoin ist sehr komplex. Die Gemeinschaft von Entwicklern, Enthusiasten und Unternehmern, die Bitcoin aus dem Amateurbereich an die Grenzen der Akzeptanz im Mainstream gebracht haben, muss das öffentliche Bewusstsein und die positive Wahrnehmung weiter vorantreiben. Wenn die Öffentlichkeit Bitcoin als magisches Feengeld für pädophile Terroristen die es verwenden, um Heroin aus dem tiefen Web kaufen, wahrnimmt wird BTC nicht bis in den Alltag vordringen. Im Gegensatz zu anderen Währungen hat Bitcoin kein Regierungsdokument, um die Leute dazu zu zwingen, es weiter zu benutzen. Öffentliche Wahrnehmung ist eine Schwachstelle, die nicht ignoriert werden sollte.

Regulatorischer Druck. Als Bitcoin populär wurde, wussten die Regierungen nicht, wie sie reagieren sollten. Sie waren genauso verblüfft wie meine Eltern jetzt, aber im Gegensatz zu meinen Eltern wollte die Regierung auch wissen, wie man sie besteuert, weil das Regierungen tun. Die US-Regierung hat weitgehend den gleichen Ansatz gewählt wie das Internet insgesamt. Gesetze mussten befolgt werden und Steuern mussten wie bei allem anderen bezahlt werden, aber die Regulierung von Bitcoin selbst stand nicht auf ihrer Agenda. Einige Landesregierungen nahmen einen etwas schwerfälligen Ansatz. New York, zum Beispiel, machte es obligatorisch, dass Bitcoin-Unternehmen den mühsamen Prozess durchlaufen, eine Geldtransmitter-Lizenz zu erhalten, bevor sie Geschäfte tätigen. Mehrere Unternehmen haben aufgrund dieses Gesetzes geschlossen oder umgesiedelt. Seither haben mehrere andere Staaten ähnliche Anforderungen erlassen und damit die gewachsene Bitcoin-Wirtschaft behindert. Die gute Nachricht ist, dass die tatsächliche Nutzung von Bitcoin durch Endbenutzer von diesen Gesetzen unberührt bleibt. Das Bundes- und Staatssteuergesetz behandelt BTC immer noch als Ware und zwingt die Benutzer, Kapitalgewinne für jede Transaktion zu berechnen. Unabhängig davon, ob Sie mit der Regulierung einverstanden sind (es gibt viele in der Bitcoin-Community, die das tun), ist das wirkliche Problem die Unsicherheit. Regierungen auf jeder Ebene können jederzeit ihre Meinung über die Bitcoin-Legalität und ihre regulatorische Haltung ändern. Russland zum Beispiel verbot Bitcoin insgesamt. Dann beschloss es, das Verbot aufzuheben. Dieses Problem betrifft nicht nur Bitcoin oder Russland. Kontrolle ist ein Vollzeitjob.

Komplexität. Bitcoin ist auf den ersten Blick kompliziert. Gut konzipierte Software mit einfachen Benutzeroberflächen könnte diese Komplexität vor den Endbenutzern verbergen, aber es wird immer eine Lernkurve geben. Die Common-Sense-Regeln (gesunder Menschenverstand) der Verwendung von Bitcoin sind noch nicht üblich oder verbreitet. Bitcoin ist vielleicht nie so einfach zu benutzen wie Geld, aber es kann genauso einfach und sicherer als eine Kreditkarte sein. Plus wer will ekelhaftes Geld anfassen. Kennen Sie die Menge an Fäkalien auf Dollarscheinen ?! Halten Sie Ihre Hände sauber mit Bitcoin.

17 LETZTE TIPPS:

- Bitcoin is wie Geld für das Internet.
- Das Wort "Bitcoin" kann sich auf das Bitcoin-Netzwerk, die Bitcoin-Software oder die Bitcoin-Währung (BTC) beziehen.
- Bitcoin ist legal.
- Bitcoin-Transaktionen sind irreversibel.
- LASSEN SIE NIEMALS BITCOIN IN EINEM EXCHANGE LIEGEN
- Bitcoin ist nicht anonym, kann aber sehr schwer nachvollziehbar sein.
- Bitcoin ist nicht kostenlos, obwohl einige Leute das behaupten
- Sie können Bitcoin an Börsen kaufen, die zur Erfassung Ihrer persönlichen Daten verpflichtet sind.
- LASSEN SIE NIEMALS BITCOIN IN EINEM EXCHANGE (AUSTAUSCH) LIEGEN!
- Mining Bitcoin ist zu diesem Zeitpunkt für Anfänger zu teuer und kompliziert.
- Spekulieren oder Handeln mit Bitcoin ist nichts für Anfänger.
- Der Schwachpunkt in Bitcoins Sicherheit ist Ihr Computer oder Smartphone, nicht Bitcoin selbst.
- Der sicherste Weg, BTC langfristig zu speichern,

ist in einer Papiermappe, einer Hardware-Brieftasche oder einer anderen Offline-Mappe.

- LASSEN SIE BITOCOIN NICHT IN EINEM AUSTAUSCH LIEGEN ! Sie wurden ordnungsgemäß gewarnt.

BITCOIN: Was Treiben Diese Kids Da Schon Wieder?

Hier ist eine vereinfachte Liste von Schritten, um mit Bitcoin zu beginnen:
- Legen Sie einen Passcode / ein Passwort auf Ihrem Telefon oder Desktop fest, wenn Sie noch keins haben.
- Entscheiden Sie sich für eine Wallet. Betrachten Sie Mycelium (Android) oder Breadwallet (iOS). Beide sind frei.
- Installieren Sie die Wallet und befolgen Sie die Anweisungen zum Sichern Ihrer Wallet. Dies wird wahrscheinlich beinhalten, zufällige Wörter aufzuschreiben und erneut einzugeben.
- Gehen Sie zurück und folgen Sie den Anweisungen, um Ihre Brieftasche zu sichern.
- Registrieren Sie sich an einer Börse. Davon gibt es viele. Wenn Sie keine Zeit haben, selbst zu recherchieren, empfehle ich Coinbase oder Kraken.
- Erfüllen Sie die KYC-Anforderungen ("Know Your Customer") Ihres Austauschdienstes. Dazu gehört auch das Senden eines Bildes Ihres Führerscheins.
- Verwenden Sie die Börse, um BTC entweder mit einem Bankkonto oder einer Kreditkarte zu kaufen.
- Übertragen Sie Ihre BTC in Ihre Brieftasche.
- ÜBERSPRINGEN SIE NICHT DEN VORHERIGEN SCHRITT.

Nun, das war eine lustige Fahrt. Bitcoin und die Geschichte der Kryptowährungen ist so fließend dynamisch und interessant, dass ich glaube, dass es für jeden nützlich ist, zumindest genug zu wissen, um in der Zukunft Chancen erkennen zu können. Mir fehlte das Grundwissen, als ich vor 8 Jahren von einem Freund angesprochen wurde, um in Bitcoin einzusteigen, und verlor dadurch einen riesigen finanziellen Gewinn. Die Zeit des Goldrausches ist vielleicht vorbei und wird nie wieder zurückkehren, aber ein grundlegendes Verständnis der Möglichkeiten, die Kryptowährungen bieten, können Ihnen helfen, den nächsten Goldrausch rechtzeitig zu sehen, um Kapital zu machen. Gold stürzt beiseite, Kryptowährungen werden in Zukunft einen großen Teil in der Demokratisierung des Geldes und damit der Macht spielen. Warum nicht ein Teil der Zukunft sein ?!

ÜBER DEN AUTOR

Als Reisender, der immer auf der Suche nach neuen Lösungen für alte Probleme war, stolperte Nathaniel Rollins in das Reich der Kryptowährungen bei einer anarchokapitalistischen Gemeinschaft in Chile. Hier lernte der Autor gerade genug, um Jahre später zu erkennen, welche enorme Chance er verpasst hatte. Nathaniel schwor, dass er die nächste Gelegenheit nicht aus Mangel an Wissen verpassen würde und hat nun genug gelernt, um mit euch zu teilen.

Während die neuen Grenzen von Technologie und Ideen spannend sind, liebt Nathaniel besonders die Idee, alte Weisheit und Technologien des nachhaltigen Lebens wie Cob Houses mit modernen und sogar zukünftigen Ideen und Technologien wie Kryptowährungen zu verbinden.

www.ingramcontent.com/pod-product-compliance
Lightning Source LLC
Chambersburg PA
CBHW030511220526
45464CB00006B/2743